BEI GRIN MACHT SICH IHR WISSEN BEZAHLT

- Wir veröffentlichen Ihre Hausarbeit,
  Bachelor- und Masterarbeit

- Ihr eigenes eBook und Buch -
  weltweit in allen wichtigen Shops

- Verdienen Sie an jedem Verkauf

Jetzt bei www.GRIN.com hochladen
und kostenlos publizieren

Bibliografische Information der Deutschen Nationalbibliothek:

Die Deutsche Bibliothek verzeichnet diese Publikation in der Deutschen National-bibliografie; detaillierte bibliografische Daten sind im Internet über http://dnb.d-nb.de/ abrufbar.

Dieses Werk sowie alle darin enthaltenen einzelnen Beiträge und Abbildungen sind urheberrechtlich geschützt. Jede Verwertung, die nicht ausdrücklich vom Urheberrechtsschutz zugelassen ist, bedarf der vorherigen Zustimmung des Verla-ges. Das gilt insbesondere für Vervielfältigungen, Bearbeitungen, Übersetzungen, Mikroverfilmungen, Auswertungen durch Datenbanken und für die Einspeicherung und Verarbeitung in elektronische Systeme. Alle Rechte, auch die des auszugsweisen Nachdrucks, der fotomechanischen Wiedergabe (einschließlich Mikrokopie) sowie der Auswertung durch Datenbanken oder ähnliche Einrichtungen, vorbehalten.

Impressum:

Copyright © 2019 GRIN Verlag
Druck und Bindung: Books on Demand GmbH, Norderstedt Germany
ISBN: 9783346191847

Dieses Buch bei GRIN:

https://www.grin.com/document/888734

Gregor Frick

SWOT-Analyse, Merchandisingkonzept, App-Entwicklung und Sponsoringprozess für verschiedene Sportvereine

GRIN Verlag

GRIN - Your knowledge has value

Der GRIN Verlag publiziert seit 1998 wissenschaftliche Arbeiten von Studenten, Hochschullehrern und anderen Akademikern als eBook und gedrucktes Buch. Die Verlagswebsite www.grin.com ist die ideale Plattform zur Veröffentlichung von Hausarbeiten, Abschlussarbeiten, wissenschaftlichen Aufsätzen, Dissertationen und Fachbüchern.

Deutsche Hochschule für
Prävention und Gesundheitsmanagement
Hermann Neuberger Sportschule 3
66123 Saarbrücken

Einsendeaufgabe

Fachmodul:	Sportmarketing
Studiengang:	Sportökonomie
Datum Präsenzphase:	15.04.2019 – 18.04.2019
Name, Vorname:	Frick, Gregor
Studienort:	**München**
Semester:	**WS17**

Inhaltsverzeichnis

1   SWOT-Analyse

Im ersten Teilabschnitt dieser Arbeit soll eine SWOT Analyse durchgeführt werden. SWOT steht hierbei für die englischen Begriffe Strengths (Stärken), Weaknesses (Schwächen), Opportunities (Chancen) und Threats (Risiken). Dabei gliedert sich dieses Analyseverfahren in drei Schritte. Zunächst werden beispielsweise finanzielle, physische oder technologische Ressourcen ermittelt und mit dem größten Konkurrenten im Markt verglichen. Im Anschluss werden diese Punkte in Stärken und Schwächen der internen Unternehmenswelt gegliedert (Meffert, Burmann & Kirchgeorg, 2012, S. 239). Im zweiten Schritt erfolgt eine Analyse der externen Unternehmenswelt, die herausgearbeiteten Punkte werden in Chancen und Risiken aufgeteilt.

Im letzten Schritt werden die interne Ressourcenanalyse und die externe Analyse der Unternehmenswelt gegenübergestellt und verglichen. Aus diesem Vergleich können im Anschluss verschieden Unternehmensstrategien entwickelt werden (Freyer, 2011. S. 315 f.) Der Bundesligist TSG Hoffenheim wird hierzu im folgenden Abschnitt analysiert.

1.1   Ressourcenanalyse

Die Tabelle gibt einen ersten Überblick über die Stärken und Schwächen der TSG Hoffenheim, auf welche im Anschluss noch genauer eingegangen werden soll.

Tab. 1: Interne Ressourcenanalyse der TSG Hoffenheim (eigene Darstellung)

Stärken	Schwächen
Sportlicher Erfolg.	Hohe Abhängigkeit von Dietmar Hopp und Hauptsponsor SAP.
Sehr gute Jugendarbeit.	Ungewisse sportliche Zukunft auf Grund des Trainerwechsels.
Hohe Sympathiewerte.	Keine Stadionauslastung bei Heimspielen.

1.1.1   Stärken

Zu der aktuell größten Stärke der TSG Hoffenheim zählt wohl der sportliche Erfolg der Mannschaft, die aktuell auf Platz 6 der Bundesligatabelle rangiert (Bundesliga, 2019) und damit an der Qualifikation zur UEFA Europa League teilnehmen würde.

Zu den weiteren Stärken zählen zum einen die sehr gute Jugendarbeit des Vereins, dessen Leistungszentrum die Höchstwertung von drei Sternen von DFB und DFL erhalten hat (TSG Hoffenheim, 2019), sowie die guten Markenindex Werte des Vereins, der sich laut einer aktuellen Umfrage im Bezug auf alle Vereine der ersten und zweiten Bundesliga auf Platz 7 befindet (Woisetschläger, Backhaus, Hagebölling & Jaensch, 2018, S. 8).

1.1.2 Schwächen

Zu größten Schwäche der TSG Hoffenheim zählt die immer noch große Abhängigkeit von Dietmar Hopp und des Hauptsponsors SAP. Hopp investierte bereits über 350 Millionen Euro in den Verein (Manager Magazin, 2018). Ohne diese immensen Investitionen wäre die TSG Hoffenheim vermutlich nicht dort, wo sie heute ist. Eine weitere Schwäche ist der Abgang von Julian Nagelsmann zur Saison 19/20. Er trägt einen großen Anteil am sportlichen Erfolg des Vereins und wird im Sommer zu Ligakonkurrent RB Leipzig wechseln. Als eine weitere Schwäche kann die durchschnittliche Zuschauerzahl der TSG bei Heimspielen gewertet werden. Sie beläuft sich aktuell auf durchschnittlich 28.350 pro Spiel bei einer Stadionkapazität von 30.150 Plätzen (transfermarkt, 2018).

1.2 Analyse der Unternehmensumwelt

Tab. 2: Analyse der Unternehmensumwelt der TSG Hoffenheim (eigene Darstellung)

Chancen	Risiken
Hohe finanzielle Einnahmen durch Teilnahme an internationalen Wettbewerben.	Zuschauerrückgang beim Fußball.
Digitalisierung wird im Fußball immer wichtiger.	Verlust der Leistungsträger durch finanzkräftige Clubs aus dem Ausland.
Fußball als beliebte Sponsoring Möglichkeit für Wirtschaftsunternehmen.	Financial-Fair-Play.

1.2.1 Chancen

Bei der Teilnahme an der UEFA Europa League werden unter den Vereinen 510 Millionen Euro ausgeschüttet. Bei der Teilnahme an der UEFA Champions League sind es sogar 2,04 Milliarden Euro (UEFA, 2019). Die bedeutet hohe zusätzliche Einnahmen für die Vereine und stellt eine wichtige Chance dar. Digitalisierung wird sowohl für den Zuschauer als auch für die Vereine immer wichtiger. Mit SAP hat die TSG einen Vorreiter im Thema Digitalisierung an ihrer Seite. Fußball ist trotz Zuschauerrückgang immer noch die beliebteste Sportart in Deutschland, was für die Vereine enorme Chancen ermöglicht (Goldmedia, 2017).

1.2.2 Risiken

Fußball erlebt seit den letzten Jahren einen Zuschauerrückgang. Die Auslastungsquote der Stadien ist seit der Saison 13/14 von 93,1% auf 91,9% gesunken (Preiß, 2018).

Ein weiteres Risiko für alle Bundeligisten sind finanzkräftige Teams aus dem Ausland, die gute Spieler mit Gehältern locken, die für die meisten deutschen Vereine nicht zu bezahlen sind. Besonders im Fall der TSG und seinem Mäzen Dietmar ist auch das Financial-Fair-Play ein hohes Risiko für den Verein.

1.3 SWOT-Matrix

Nachdem nun Stärken, Schwächen, Chancen und Risiken ausgearbeitet wurden folgt im letzten Schritt die Gegenüberstellung. In der folgenden Tabelle werden für jede Überschneidung zwei Lösungsstrategien dargestellt und erläutert.

Tab. 3: SWOT-Matrix der TSG Hoffenheim (eigene Darstellung)

SWOT-Matrix	Chancen	Risiken
	- Hohe finanzielle Einnahmen durch Teilnahme an internationalen Wettbewerben. - Digitalisierung wird im Fußball immer wichtiger. - Fußball als beliebte Sponsoring Möglichkeit für Wirtschaftsunternehmen.	- Zuschauerrückgang beim Fußball. - Verlust der Leistungsträger durch finanzkräftige Clubs aus dem Ausland. - Financial-Fair-Play.
Stärken - Sportlicher Erfolg. - Sehr gute Jugendarbeit. - Hoher Markenindex.	- Sollte der Verein weiterhin sportlich so erfolgreich sein, können durch die Teilnahme an internationalen Wettbewerben hohe Einnahmen erzielt werden. - Den hohen Markenindex kann die TSG nutzen, um neue Unternehmen als Sponsoren zu gewinnen.	- Die gute Jugendarbeit kann Abgänge von Leistungsträgern kompensieren. - Der sportliche Erfolg und die dadurch bedingte Teilnahme an internationalen Wettbewerben, kann den Zuschauerrückgang aufhalten.
Schwächen - Hohe Abhängigkeit von Dietmar Hopp und Hauptsponsor SAP. - Ungewisse sportliche Zukunft auf	- Durch die Teilnahme an internationalen Wettbewerben und die dadurch erwirtschafteten Einnahmen kann die große Abhängigkeit von Dietmar Hopp reduzieren. - Die starke Partnerschaft mit SAP kann die TSG nutzen,	- Zusammen mit SAP kann ein Stadionerlebnis (Ticketkauf, Digitalisierung im Stadion, usw.) entwickelt werden, welches wieder mehr Zuschauer in die Stadien lockt.

Grund des Trainerwechsels. - Keine Stadionauslastung bei Heimspielen.	um Vorreiter in Sachen Digitalisierung in der Bundesliga zu werden.	- Durch die Abhängigkeit von Dietmar Hopp und dem zusätzlichen Financial-Fair-Play der UEFA muss es das Ziel sind, den Verein zu stärken und finanziell unabhängig zu machen (durch Sponsoringeinnahmen, Ticketverkäufe, Einnahmen durch internationale Wettbewerbe, usw.)

2 Merchandising und Licensing

Im zweiten Teilabschnitt dieser Arbeit wird nun ein Merchandisingkonzept für das 30-jährige Jubiläum eines Volleyballvereins entwickelt.

2.1 Wer

Nach Rohlmann (2011, S. 248) existieren fünf unterschiedliche Geschäftsmodelle im Fanartikelgeschäft. Unter anderem die „Auslagerung betrieblicher Teilfunktionen", welches in diesem Fall als Geschäftsmodell angewendet werden soll. Hierbei liegt die Zusammenstellung des Fanartikelsortiments in der Verantwortung des Vereins. Die Produktion erfolgt allerdings über einen großen Merchandise Artikel Hersteller, da der Verein nicht über die nötige Infrastruktur zur Herstellung von eigenen Fanartikeln verfügt.

2.2 Was

Die folgende Tabelle beschreibt das Fanartikelsortiment und dessen Architektur.

Tab. 4: Merchandisingsortiment zum 30-jährigen Jubiläum (eigene Darstellung)

Produkt	Beschreibung	Preis	Produktbezug/Planungsbezug	Architektur
Traditionstrikot	Das Trikot aus dem Gründungsjahr als hochwertige Neuauflage. Größen S – XL.	49,99 €	Primärer Bezug zum Spielgeschehen/Aktionsspezifische Planung	Kernsortiment
Traditionshose	Die Hose aus dem Gründungsjahr als hochwertige Neuauflage. Größen S – XL.	19,99 €	Primärer Bezug zum Spielgeschehen/Aktionsspezifische Planung	Kernsortiment
Cap „1987"	Cap in Vereinsfarben mit dem Schriftzug „1987".	10,99 €	Primärer Bezug zum Stadiongeschehen/Aktionsspezifische Planung	Kernsortiment
Volleyball „30 Jahre"	Ein moderner Volleyball im Retrolook und den traditionellen Vereinsfarben.	50,99 €	Primärer Bezug zum Alltag des Fans/Aktionsspezifische Planung	Zusatzsortiment
Tragetasche Volleyballnetz	Limitierte Auflage von Tragetaschen, die aus den Netzen der letztjährigen Saison hergestellt werden.	9,99 €	Primärer Bezug zum Alltag des Fans/Aktionsspezifische Planung	Zusatzsortiment
Fanbuch „30 Jahre"	Limitierter, hochwertiger Bildband mit den Highlights der letzten 30 Jahre. 30% aller Einkünfte aus diesem Bildband kommen dem Jungendprogramm des Vereins zu Gute.	35,99 €	Primärer Bezug zum Alltag des Fans/Aktionsspezifische Planung	Randsortiment

2.3 Wem

Primär richtet sich das spezielle Merchandisingsortiment an die Fans und Mitglieder des Vereins, um die ihre Verbundenheit mit diesem ausleben zu können. Trikot, Hose und Volleyball können allerdings auch zum Volleyball spielen getragen werden und sind somit auch für alle aktiven Volleyballspieler außerhalb des Vereins geeignet. Das Fanbuch ist ein Sammlerstück und richtet sich zusätzlich an Personen, die die Jugendprogramme des Vereins unterstützen möchten.

2.4 Bedingungen

Bei der preispolitischen Strategie wurde die Marktpreisstrategie gewählt, bei der sich die Preise im Durchschnitt des Marktes befinden und keine extremen Preisabweichungen nach oben oder unten zulässt (Rohlmann, 2011, S. 254 f.).

2.5 Kanäle

Bei den Vertriebswegen wurde der Eigenvertrieb ausgewählt. Zum einen vertreibt der Verein seine Kollektion über den vereinseigenen Fanshop, der sich auf dem Vereinsgelände befindet, zum anderen nutzt der Verein eine „Kauf lokal) Aktion eines großen Kaufhauses in der Stadt, bei der lokale Unternehmen, Vereine und Einzelhändler ihre Produkte auf ausgewählten Flächen innerhalb des Kaufhauses ausstellen und verkaufen dürfen. Zusätzlich wird sowohl über die vereinseigene Website, als auch über die Facebook Seite ein Onlineshop eingerichtet, bei welchen die Artikel ebenfalls erworben werden können. Bei Vereinsfesten und gesellschaftlichen Veranstaltungen ist der Verein zusätzlich mit einem mobilen Verkaufsstand vertreten.

2.6 Begleitmaßnahmen

Um die Sonderkollektion zu kommunizieren werden alle Artikel in einer speziellen Auflage der vereinseigenen Zeitschrift abgebildet, welche als Beilage in die städtische Zeitung gelegt wird. Zusätzlich ruft der Verein über Social Media zu einem Gewinnspiel auf, bei dem jeder, der ein Foto mit einem Artikel aus der Sonderkollektion postet und mit dem Hashtag #seit1987 automatisch an einem Gewinnspiel für zwei VIP Jahreskarten teilnimmt.

2.7 Zeitraum

Der Zeitraum des Merchandisekonzept ist zunächst auf drei Monate festgesetzt. Sollte die Nachfrage nach den Produkten die Erwartungen allerdings übersteigen hat sich der Verein vom Produzenten zusichern lassen, dass die Produktion um weitere drei Monate zu vergünstigten Produktionskosten verlängert werden kann.

3 Digitalisierung

Im dritten Teilabschnitt dieser Arbeit soll für einen hypothetischen jugendorientierten Verein eine App entwickelt werden.

3.1 Der Verein

Tab. 5: Grobe Übersicht des Vereins (eigene Darstellung)

Vereinsangebot	Breitensportverein mit 4 Abteilungen (Fußball, Tennis, Turnen und Hockey)
Mitgliederzahl	500 Mitglieder
Anzahl bezahlter Mitarbeiter	20
Anzahl ehrenamtlicher Mitarbeiter	40

3.2 Zielgruppen und Marketingziele

Zum einen richtet sich die App an bestehende Mitglieder und soll diese sowohl stärker an den Verein binden, als auch die Organisation des Vereinslebens erleichtern. Zum anderen soll die App Nicht-Mitglieder ansprechen und unter Ihnen den Bekanntheitsgrad steigern, sowie den Imagefaktor des Vereins verbessern.

3.3 Inhalt der App

Themen	Mehrwert für den Kunden	Mehrwert für den User
Onlinebuchung von Plätzen.	Der Verein bietet seinen Mitgliedern eine einfach und digitale Lösung Ihre Trainingszeiten und Platzbelegungen mit der App einzutragen und sorgt somit für eine Vereinfachung des Buchungssystems und zufrieden Mitglieder.	Alle Trainer und Mitglieder können ihre Plätze online über die App buchen. Somit sieht jeder User auf einen Blick, wann er zum Training kommen kann und wann die Plätze bereits belegt sind.

Push Nachrichten über aktuelle Vereinsnews.	Schnelle und einfache Kommunikation mit den Mitgliedern und Einsparungen bei administrativen Arbeiten.	Die Mitglieder sind immer „Up-to-date" was die Geschehnisse im und um den Verein angeht und können sich somit noch stärker mit ihm identifizieren.
Tippspiel. Vor jedem Fußball, Tennis und Hockeyspiel können die User der App auf Torschützen, Ergebnis, usw. tippen. Pro richtigen Tipp gibt es Punkte und die User mit den meisten Punkten werden am Ende des Jahres beim jährlichen Vereinstreffen belohnt.	User befassen sich noch intensiver mit dem Verein und den Mitgliedern und steigern so ihr Zugehörigkeitsgefühl.	User haben die Chance auf Gewinne.
Chatfunktion für User, um Mitgliedschaftsanträge oder Kündigungen einzuschicken und Fragen zu stellen.	Einsparungen bei der administrativen Arbeit und schnelle Kommunikation mit den Mitgliedern.	Einfache und schnelle Beantwortung von Fragen zu Vereinsthemen über den App-internen Chat.

3.4 Chancen und Risiken

Durch die Einführung der App kann der Verein schnell und einfach mit seinen Mitgliedern kommunizieren. Die Mitglieder haben durch den internen Chat die Möglichkeit eine schnelle Antwort auf ihre Anliegen erhalten. Die Zufriedenheit der Mitglieder kann dadurch erheblich gesteigert werden.

Zusätzlich kann sich der Verein durch die Einführung der App einen großen Teil der administrativen Arbeit sparen. Es müssen keine Briefe mehr vorbereitet und verschickt werden oder sich um die Buchung der Plätz gekümmert werden. Auf lange Sicht hätte man hier die Chance auf Kostenersparnisse.

Allerdings birgt die Einführung der App auch Risiken. So kann die Bedienung ältere Mitglieder überfordern. Deren Unzufriedenheit müsste im Anschluss der Verein auffangen und die Umstellung auf reine Digitalisierung sollte in kleinen Schritten erfolgen. Neben der Möglichkeit durch die neue Technologie Kosten zu sparen, entstehen durch die Einführung natürlich auch Kosten, die eingeplant und regelmäßig kontrolliert werden müssen und bei Nicht-Kontrolle ein Risiko darstellen können.

3.5 Bekanntheitsgrad

Zum Abschluss dieser Teilaufgabe werden nun vier Möglichkeiten ausgearbeitet, um den Bekanntheitsgrad der App zu steigern und die damit verbundene Userzahl zu erhöhen. Zunächst wird die App über die Stadionzeitung beworben. Hierfür wird über die gesamte Saison die Rückseite der Zeitschrift geblockt. Auf dieser Seite werden die Grundzüge der App erläutert und ein QR-Code platziert der, wenn man ihn scannt direkt in den Appstore verlinkt ist.

Die App soll außerdem über die Social-Media-Kanäle des Vereins beworben werden. Hierzu werden kleine Clips gedreht, die auf die Vorteile der App hinweisen. Man sieht beispielsweise zwei Tennisspieler, die auf das Vereinsgelände fahren und nicht spielen können, da alle Plätze belegt sind. In der nächsten Szene sieht man die Spieler, wie sie von Zuhause aus die Platzbelegung checken, entspannt einen Platz buchen und zum Vereinsgelände aufbrechen.

Um das Potenzial der Clips komplett auszunutzen werden sie auf den Bildschirmen der öffentlichen Verkehrsmittel der Stadt ausgespielt.

Als vierte und letzte Möglichkeit hilft ein Gewinnspiel den Bekanntheitsgrad zu steigern. Unter allen Usern, welche die App in den ersten drei Monaten downloaden verlost der Verein kostenlose Jahresmitgliedschaften, Sportartikel und Verzehrgutscheine für das Restaurant auf dem Clubgelände. Dies soll zusätzlich dabei helfen neue Mitglieder zu generieren.

4 Sponsoring

Im letzten Teilabschnitt dieser Arbeit soll zunächst ein fiktives Wirtschaftsunternehmen beschrieben werden, für welches im Anschluss ein Sponsoringprozess für ein großes Laufevent entwickelt wird.

4.1 Die Feed4Run GmbH

Die Feed4Run GmbH ist ein mittelständisches Unternehmen, welches sich auf die Produktion und den Vertrieb von Nahrungsmitteln für Ausdauersportler spezialisiert hat. Dabei vertreibt die GmbH Riegel, Gel und wasserlösliches Pulver über die eigene Internetplattform und über große ausgewählte Sportartikel Läden. Das Produkt grenzt sich durch seine besondere Zusammensetzung von anderen Nahrungsergänzungsmitteln ab. Der Inhalt der Riegel und des Gels ist sehr kohlenhydrathaltig, das Pulver enthält doppelt so viele Elektrolyte wie die Vergleichsprodukte der Konkurrenz. Auch über die Zielgruppe und die Emotionalisierung werden die Produkte abgegrenzt, da sich sowohl Marketing, als auch Öffentlichkeitsarbeit ausschließlich auf Ausdauersportler konzentriert.

Zu den bisherigen Kommunikationsinstrumenten des Unternehmens zählt die Vermarktung der Produkte über die eigenen Social Media Kanäle und dem E-Commerce über relevante Ausdauerseiten im Internet. Zusätzlich sponsert das Unternehmen bereits erfolgreiche Einzelsportler im Lauf- und Rennradbereich.

4.2   Der Sponsoringprozess

Feed4Run möchte sich mit einem Sponsoring bei einem Laufevent beteiligen, wofür nun ein Sponsoringprozess entwickelt werden muss.

4.2.1   Festlegung der Ziele

Um sich von der Konkurrenz abzuheben und die Zielgruppe möglichst präzise zu erreichen bedarf es einer genauen Festlegung der Ziele, wobei grundsätzlich zwischen ökonomischen und psychologischen Zielen unterschieden wird (Hermanns & Marwitz, 2007, S. 192 ff.). Feed4Run konzentriert sich im Rahmen dieses Sponsorings auf psychologische Ziele. Zum einen möchte das Unternehmen seine Markenbekanntheit steigern, zum anderen das Vertrauen und die Akzeptanz gegenüber seiner Zielgruppe verbessern.

4.2.2   Schnittmengenanalyse

Die Basiszielgruppe des Unternehmens besteht aus professionellen und Hobby Ausdauersportlern, die regelmäßig Ausdauersport betreiben. Hierzu zählen Ausdauerläufe, Radrennen, Marathon- und Triathlonevents. Die Zielgruppe ist offen gegenüber Innovationen 20 – 55 Jahre alt und verdient überdurchschnittlich viel.

Am Laufevent der Stadt nehmen 3.500 Läufer teil, die sich im Halbmarathon und im 10-km-Lauf messen. Gerade durch die Länge der Strecken werden viele Hobbyläufer an diesem Lauf teilnehmen, wodurch die Schnittmenge dementsprechend groß ausfallen wird.

4.2.3   Sponsoringmaßnahmen

In nachfolgender Tabelle werden nun fünf konkrete Sponsoring-Einzelmaßnahmen dargestellt.

Maßnahme	Zweck
Sponsoring des Laufshirts.	Zur Steigerung der Markenbekanntheit wird die Feed4Run GmbH Hauptsponsor auf dem Laufshirt der Veranstaltung. Läufer tragen das Shirt auch zu Trainingsläufen oder anderen Events, wodurch die Marke ihre Sichtbarkeit auch über das Event hinausträgt.
Ausgabe von Give-Aways bei der Startnummernvergabe.	Die Give-Aways (Riegel, Gel) dienen zum Aufbau von Vertrauen und Akzeptanz. Die Läufer können sich so selber von den Produkten überzeugen und werden diese auch nach dem Event nutzen.
Offizieller Sponsor der Streckenverpflegung.	Als offizieller Sponsor der Streckenposten testen Läufer die Produkte unter realen Bedingungen und werden sich bei positivem Ergebnis und Erfolg auch positiv an das Produkt erinnern.
Messestand auf der Läufermesse.	Der Messestand kombiniert Markenbekanntheit und der Aufbau von Vertrauen und Akzeptanz. Läufer können geschultem Personal Fragen zu den Produkten stellen, diese testen und kaufen.
Bereitstellung von Preisen für die Sieger	Die Bereitstellung von Preisen dient dazu, auch bei der Siegerehrung noch einmal namentlich genannt zu werden und sich so im Gedächtnis der Läufer zu verankern.

4.2.4 Erfolgskontrolle

Um der Geschäftsführung nach dem Event ein Feedback geben zu können wird abschließend eine Erfolgskontrolle geplant, die sich in eine Prozesskontrolle, Effektivitätskontrolle und Effizienzkontrolle unterteilt (Bruhn, 2010, S. 68 ff.).

Für die Prozesskontrolle werden Prüfkataloge ausgearbeitet, mit denen unter anderem der zeitliche Ablauf des Sponsorings, beanspruchte Mitarbeiter, Leistungen und Kosten festgehalten und ausgewertet werden können.

Die Effektivitätskontrolle wird in Zusammenarbeit mit dem Veranstalter durchgeführt. Hierzu wird im Anschluss an das Event ein Fragebogen an alle Teilnehmer verschickt, in dem unter anderem nach dem Eindruck zum Sponsoring von Feed4Run gefragt wird und ob die Teilnehmer dies als positiv oder negativ bewerten.

Durch eine Kosten-Nutzen-Analyse des Unternehmens wird abschließend die Effizienz-kontrolle durchgeführt, um so eine vollständige Erfolgskontrolle gewährleisten zu können.

5   Literaturverzeichnis

Bruhn, M. (2010). *Sponsoring. Systematische Planung und integrativer Einsatz* (5., vollständig überarbeitete und erweiterte Aufl.). Wiesbaden: Gabler.

Bundesliga. (2019). *Bundesliga Tabelle.* Zugriff am 25.04.2019. Verfügbar unter https://www.bundesliga.com/de/bundesliga/tabelle

Freyer, W. (2011). *Sport-Marketing. Modernes Marketing-Management für die Sportwirtschaft* (4., neu bearbeitete Aufl.). Berlin: Erich Schmidt.

Goldmedia (2017). *Fanmonitor.* Zugriff am 28.04.2019. Verfügbar unter https://www.goldmedia.com/en/news/info/article/goldmedia-fan-monitor-2017-published/

Hermanns, A. & Marwitz, C. (2007). *Sponsoring. Grundlagen, Wirkungen, Management, Markenführung* (3., vollständig überarbeitete Aufl.). München: Vahlen.

Manager Magazin. (2018). *Hopp verliert Scheu vor achtstelligen Summen.* Zugriff am 26.04.2019. Verfügbar unter https://www.manager-magazin.de/unternehmen/artikel/dietmar-hopp-geld-fuer-tsg-1899-hoffenheim-in-champions-league-a-1207572.html

Meffert, H.,Burmann, C., Kirchgeorg, M. (2012). *Marketing. Grundlagen marktorientierter Unternehmensführung* (11., überarbeitete und erweiterte Aufl.). Wiesbaden: Gabler.

Rohlmann, P. (2011). Merchandising im Sport. In G. Nufer. & A. Bühler (Hrsg.), *Marketing im Sport. Grundlagen, Trends und internationale Perspektiven des modernen Sportmarketing* (2., völlig neu bearbeitete und wesentlich erweiterte Aufl.), (S. 233 – 264). Berlin: Erich Schmidt.

Transfermarkt.de (2019). *Entwicklung der Besucherzahlen.* Zugriff am 27.04.2019. Verfügbar unter https://www.transfermarkt.de/tsg-1899-hoffenheim/besucherzahlen-entwicklung/verein/533

TSG Hoffenheim. (2019). *TSG Akademie.* Zugriff am 25.04.2019. Verfügbar unter https://www.achtzehn99.de/akademie/zentren/ueberblick-akademie-zentren/

UEFA. (2019). *Einnahmenverteilung in der UEFA Champions League 2018/19.* Zugriff am 28.04.2019. Verfügbar unter https://de.uefa.com/uefachampionsleague/news/newsid=2562558.html

Woisetschläger, D. M., Backhaus, C., Hagebölling, M., Jaensch, V. (2018). *Fußballstudie 2018. Die Markenlandschaft der Fußball-Bundesliga.* Braunschweig: TU Braunschweig.

6 Tabellenverzeichnis